U0098508

瞭解你十歲的孩子

強納森・布萊德利 著
(Jonathan Bradley)
張德銳、黃勇民 譯

三民書局

國家圖書館出版品預行編目資料

瞭解你十歲的孩子／强納森・布萊德利（Jonathan Bradley）著；張德鋭，黃勇民譯.--初版.--臺北市：三民，民85
面；　公分
譯自：Understanding your 10 year old
參考書目：面
ISBN 957-14-2439-0（平裝）

1.兒童心理學

173.12　　85003079

國際網路位址　http://sanmin.com.tw

© 瞭解你十歲的孩子

著作人　强納森・布萊德利(Jonathan Bradley)
譯　者　張德鋭　黃勇民
發行人　劉振强
著作財產權人　三民書局股份有限公司
臺北市復興北路三八六號
發行所　三民書局股份有限公司
地　址／臺北市復興北路三八六號
郵　撥／〇〇〇九九九八——五號
印刷所　三民書局股份有限公司
門市部　復北店／臺北市復興北路三八六號
重南店／臺北市重慶南路一段六十一號
初　版　中華民國八十五年九月
編　號　S 52079
基本定價　肆　元
行政院新聞局登記證局版臺業字第〇二〇〇號

ISBN 957-14-2439-0（平裝）

First published in Great Britain in 1992 by:
Rosendale Press Ltd.
Premier House, 10 Greycoat Place
London SWIP 1SB

盧序——愛他·請認識他

淘氣「阿丹」上學的第一天，帶了個「阿丹塑像」及「錄音機」到教室上課。

原班老師久聞「阿丹」盛名，第一天上課就請病假，由代課老師上課。代課老師問阿丹怎麼才剛上課就「不安於室」的搬出「塑像」和「錄音機」。阿丹指著阿丹塑像說：「『他』是來代替我上課的，你瞧！他最乖了，不吵也不鬧！錄音機是用來錄音你講的課，因為我媽媽說你講的每一句話我都要記住。有了這些道具，我是不是就可以出去玩了呢?」代課老師說:「你簡直亂來,怎麼可以找人代替上課呢?」阿丹理直氣壯的說:「可以有『代課老師』, 為什麼不可以有『代課學生』呢?」

這個個案裡說明了當今教養與教育上的諸多問題,如果父母與老師瞭解孩子的發展與需求,也許「暴走族」的孩子就不會產生了。為了讓2000年的臺灣孩子有更生動活潑,以及更人性化的學習環境,上至教育部、教改會,下至民間各個團體紛紛卯足熱勁,扮起教育改革的「拼命三郎」。在參與及推動教育改革的過程中,我和一起工作的老師、父母們有快樂歡愉的經驗,但也有黯然神傷的時候,最重要的原因在於成人往往忽略孩子各個階段的發展與個別差異的需求,這也正是現今「教育鬆綁」窒礙難行之處,真愛孩子就必

須為孩子量身訂做適合孩子成長的學習環境。

三民書局為使父母與老師對孩子的發展能更瞭解與認識，同時對孩子的各種疑難雜症，能有「絕招」以對，將採由E. 奧斯朋(E. Osborne)主編「瞭解你的孩子」(*Understanding Your Child*)系列叢書，聘請學理與實務經驗俱豐的專家譯成中文以饗讀者。希望藉此，讓父母與教師在面對各個不同的個案時，能迎刃而解。同時在「琢磨」孩子的過程中，也能關照孩子的「本來」。

從初生到二十歲這一成長階段的關注與指南，在國內的出版品中仍屬少見。除了謝謝三民書局劉振強董事長及編輯同仁的智慧與愛心外，更盼你從這些「珍本」中，細體孩子追趕跑跳碰的童年，以及狂狷青少年的生理與心理上的種種變化與特徵。

愛孩子是要學習的，讓我們從認識孩子的發展與需要著手，然後真正的「因材施教」，使每個孩子健健康康、快快樂樂的成長與學習。

盧美貴

於臺北市立師範學院

民國85年8月1日

診所簡介

泰佛斯多診所 (The Tavistock Clinic)， 1920 年成立於倫敦，以因應生活遭遇到第一次世界大戰破壞之人們的需要。今天，儘管人與時代都已改變了，但診所仍致力於瞭解人們的需要。除了協助成年人和青少年之外，目前泰佛斯多診所還擁有一個大的部門服務兒童和家庭。該部門對各年齡層的孩子有廣泛的經驗，也幫助那些對養育孩子這件挑戰性工作感到挫折的父母。他們堅決表示成人要盡早介入孩子在其成長過程中所可能出現的不可避免的問題；並且堅信如果能防患於未然，父母是幫助孩子解決這些問題的最佳人選。

因此，診所的專業人員很樂意提供這一套描述孩子成長過程的叢書，幫助父母們認識孩子成長過程中的煩惱，並提供建議以幫助父母思考其子女的成長。

著者

強納森・布萊德利(Jonathan Bradley)是泰佛斯多診所的兒童心理療法會診醫師及高級家庭教師。在當心理醫療師之前，曾在基爾(Keele)大學學習心理學，隨後著手研究十至十一歲兒童如何開始發展複雜的思維和推理方法。他當過教師，從事過幼兒俱樂部和組織的管理與發展。除了泰佛斯多診所的工作外，他還是哈克尼(Hackney)區的兒童心理療醫師，在那裡，他與教師、學校和個別孩子以及他們的父母一起工作。強納森・布萊德利已婚，並有二個孩子。

目錄

／面對現實

前言

十至十一歲之間的一年是一段過渡時期。儘管和十一歲相比，十歲顯然與變化的關係較小，但

它卻是你的孩子發現生活規律正變得日益複雜的一段時期。他們突然意識到世界比原來想像的更大，更不舒服。有時，類似的情形會很明顯，十歲的孩子很有可能變來變去，也許變得極富戲劇性，從自信坦然到無所適從，似乎軀殼和個性對他們而言是太大了。十歲孩子和身為家長的你，對這種自信心的缺乏和脆弱性都會感到相當震驚。

脆弱期與在這麼多領域中自信心的發展並存，也許這會讓人難以理解。領域之一便是友誼。

至今，孩子們也許需要你來安排何時會見朋友，為他們安排時間，但此時他們正變得更加獨立。友誼的本質起了變化。這時候，孩子們判斷朋友很可能不僅依據他們所玩的遊戲，也取決於他們發現自己的朋友對友誼是否忠誠堅定。當重要原則遭到背棄，會導致友誼的決裂，孩子便深深感到孤獨。發展中的社會存在與孤獨感之間有著相似的緊張，孩子們在學校裡會深切體認到這一點。有些自信的十歲孩童會去尋找他們在班上和學校的地位，很快地變成一個向同班同學挑戰的孩子，滔滔不絕地就正義問題而爭辯，遭到拒絕就垂頭喪氣。

在家裡，孩子和你的關係也是複雜的。嘗試新的友誼，關心用新的和發展的方式去處理原則問題，準備正視失落和幻滅所帶來的後果——所有這一切會是如此地引人注目，因為它們是出現得如此突然。在這種時候，會非常強烈地感到要保護你十歲的孩子不受傷害。但是其他時候怎麼樣呢？想成為孩子的朋友兼保護人的企圖將受到挫折……這不一定是指你所熟悉的更幼小的孩子，他們的變化並不會那麼巨大。這時期的孩子又不得不額外對付複雜的受辱經歷：地位的大幅降低。那是一件微妙的事，是對青春期的嘗試，他們不再是年幼的孩子了。家長必須謹慎應對，知道在此重要時刻如何支持他們十歲的孩子去面對來自外面世界的更大挑戰，而不是放鬆管教，任其變壞。

有時，當你想瞭解孩子的感情和想法時，彼此感覺就像陌生人，而不是家長和孩子。在這個年紀，嗜好常是非常重要的，有時會像是你們之間的障礙。比如電腦遊戲等單獨的活動，很可能成為孩子獨處的原因之一，就像找一個不屬於成人的地方，或者某個房間，在那裡他們得到短暫的自由，不必考慮令人煩惱的憂愁和麻煩。

下面幾章將更詳細探討十歲孩子所面臨的複雜問題。不過，如果本書被當作某種現成的檢測器，好像你的孩子能與一張精確的優缺點核對表進行對照，或者更糟糕，你把它當作「行動準則和清規誡律」， 那就很可惜了。對孩子許多方面的個性，相信你比我更瞭解。但有可能只因你離孩子太近，以致於無法看清。我希望能把焦點問題匯整，也許有助於提供一個全面的狀況，儘管某些情形可能對你的孩子和家庭並不那麼適用，而是對其他孩子和家庭有較直接的參考價值。總之，希望你能從十歲孩子的事例中吸取教訓，瞭解其他孩子和其父母已面臨到的問題，再看看他們是如何解決的。

第一章

思維的發展

山頂

十歲是里程碑而不是過渡年，這種想法是可以理解的。的確，到達二位數字使十歲生日似乎成為一個重要的日子。畢竟，經過很長一段時間，十歲是他們停止扳手指算數的年齡。事實上，真正在年紀上到達這個數字會使人感覺好像到了一個里程碑，因而不可避免地包含著回顧往事的因素。許多十歲的孩子感覺自己到了一座山頂，在這裡，他們顯得非常巨大，而年幼的孩子則顯得如此渺小。

當孩子五歲或近五歲時開始上學，他們能夠知道自己需要學習什麼：游泳、騎自行車、接球、跳繩、閱讀、寫字、學著數數等，儘管這種學習還是非常模糊的。一到了十歲，整體上來說，孩子不僅能做所有這些事，而且做得很好。

身體技能

對於十歲的孩子來說，他們似乎能掌握與自己身體有關的大多數事物。許多遊戲和體育活動涉及跑步，但他們能夠掌握複雜的步伐，比如獨腳踢跳、靈活閃

躲和迂迴行進。由於對自己的身體能做什麼感興趣，他們給自己設定了各種考驗，他們很容易介入別人組織中較富挑戰的活動。在諸如足球或網球、羽毛球類的體育活動中，複雜的協調技巧得到了發展，孤單一人時，他們能花上數小時對著牆壁擲球，練習踢球或接球。而爬樹、攀登其他障礙物或水上運動類的挑戰，對許多十歲的孩子而言都是一種「嚴肅」的生活方式。鍛鍊的需要和快樂似乎由於缺乏明顯的體內生理變化而獲得了額外的動力。尤其對女孩來說，十歲的開始通常離月經到來還有一段時間；在體型逐漸變化的同時，肌肉的彈性和體態是更容易被注意到的。而男孩離與少年初期相關的生理變化也還有好些年。

對十歲孩童體力的信心和對身體的額外可靠度，是探索和發展友誼的自然基礎，可導致對力量、耐力和協調目標的設定。十歲開始時，這類友誼或「配對」

的形成常因為在一起玩，而不是因為對友誼以及其內涵做了認真的考量。

都在腦海中

這一時期，頭腦也發生了變化。在過去五年中，孩子們花時間學習做事的規矩，並練習運用它們。而這一年中，他們也許開始尋找這些規矩後面的更大規矩，開始自己琢磨事情。下面的例子將有助於闡明這一觀點。當一些不同年齡的孩子被要求玩類似「二十個問題」這種遊戲時，他們以非常不同的方式對待它。遊戲中，孩子們被要求以提出最少的問題找到某頁上的一個字。較年幼的孩子對如何玩這遊戲一點兒也不感到困難，他們馬上找了一個字，而當所找到的字錯誤時，便非常困惑。在「啟發」之下，猜了又猜，但仍然沒有通盤考慮的跡象。到十歲時，孩子們通常就能更認真地思考這個問題。在一些猜測之後，他們開始意識到，如果詢問有關這一頁上的一些大問題，那麼回答是「對」或「錯」都無關緊要，因為兩種答案都有幫助。

策略

十歲孩童試圖解決問題的方式，為此時期正發生的變化提供了某種啟示。因為當遇到一個他們無法解決的問題時，十歲的孩童也會很有信心地認為：人們會用某種啟發向他們提供答案。但是，當他們的猜測起不了作用時，有可能採用更廣泛的方式來處理問題。

從整體上看，十一至十二歲以上更大一些的孩子，將一開始就只採用一種策略。

這僅是一項遊戲，而且是一種初看無需多少準備或思考的遊戲。事實上，情況並非如此。為了玩得開心，做出計劃，從整體上意識到這一點是很重要的。較好的辦法是放棄過快靠幸運來猜測解謎，因為那樣是不太可能猜對的；而是應該試圖想出一個計劃，然後將此計劃在許多「尋找」遊戲中運用。十歲孩童在玩這種遊戲的同時，也學習到如何制定出幫助他們應付新狀況的計劃，並且相信自己有能力應付。要做到這一點是很困難的，當問及他們對學習玩「二十個問題」的新方法有什麼感受時，十歲孩童顯然有著兩種想法。他們對自己能想出解決問題的方法而感到高興，想繼續嘗試這種辦法是否真能奏效！但同時也清楚意識到不知怎麼地這種遊戲沒有以前那麼刺激。雖然有一個可行的計劃，但如果按計劃進行便會降低靠幸運猜測成功的那種刺激，這點是可以理解的。然而事情並非如此。很明顯地，他們也對靠猜測解謎的辦法不可行而感到吃驚。當有人讓孩子解釋一下如何猜到某個特別的字時，他解釋說「腦子裡有一個聲音」告訴他答案是什麼，好像他感到這種「聲音」確實知道答案。因此當這聲音辜負了他時，他感到震驚。就像要一位信賴的「老朋友」去找正確答案，而突然這位朋友並不如原先想像的那樣能幹。

「舊」方法與「新」方法

儘管上述例子論述了有關兒童如何發展更大的智力，但是十歲孩童在這一領域所面臨到的問題，和他們在情感發展與社會關係方面遭遇的問題有著相同之處。當遇到答案似乎明顯的問題和意識到答案沒有像起初那樣清楚時，他們會感到震驚。堅持用「舊」方法企圖使其奏效，或者為了躲避試圖理解更為複雜的規則所造成的壓力才回頭使用「舊」方法，這種誘惑是很大的；另一方面，也很有可能將「舊」方法視為「孩子氣」，並且完全離開看待事物的熟悉方法，認為它們不可能再繼續有效。本書其他章節將探討十歲孩童發展的各個不同領域。最為常見的是他們那種複雜的感情(尤其是當十歲孩童接近十一歲生日時)：為了學習某種更為複雜的東西，結果不得不捨棄比較舒適和熟悉的東西。

第二章

學校生活

一個呼吸空間

在學校，十歲是一個分水嶺。它通常是初級學校（註）四年級，因而下一年才能真正被稱為初級學校畢業，此時大部分時間將被用來準備升中學。從十歲孩童的有利地位來看，他們會帶著某種驚恐，也帶著某種安全感去看待未來。

他們仍有時間去應付準備轉學的問題，這將增加發展的動力。

註：英國小學教育，施教機關包括兩部分：一為托兒所(infant schools)，收受五至七歲的孩童，修業二年；二為初級學校 (junior schools)，修業四年，收受八至十一歲學童，與托兒所相互銜接。大部分學童在初級學校畢業時會參加「十一歲考試」，以評估其學習成績，並做為升學的依據。

必須妥善處理差異

對於許多學生來說，學校將成為他們逐漸體驗人際關係的地方，他們也會為自己在某些領域裡的無能為力以及自身的成績而感到困惑。最為明顯的差異(如國家課程（註）和十一歲考試更為清楚地顯示那樣）將是在學業成績上的差異。孩子們會很快注意到別的孩子屬於哪一類或哪個群體，而且幾乎總是會把自己與班上同學區隔開來（或者用他們自己的能力為依據將他人分等級)。不管學校的政策如何，這一年齡的孩子逐漸知道他們（以及其他所有人）在優劣等級制度中所處的地位！他們會注意到社會與文化的差異。比如，十歲孩童會逐漸意識到，朋友和班裡的孩子是依據他們的居住地和家庭財富的水平而被劃為不同等級的。來自貧窮國家（尤其對於有些孩子來說，這些國家恰好是他們文化起源的國家）的故事將對孩子產生極大的影響。如何對待差異是個相當大的問題。

註：1988年教育改革法案(Education Reform Act)，首次要求六歲以上中小學生

採用國家課程。該課程由九個科目組成，宗教教育是另加上的。每個科目都訂有一系列成績目標，這些目標規定了該科目的學習框架。至於如何把知識傳授給學生的教學方法，在課堂教學中是允許有一定彈性的。

掩飾痛苦的兩種不同方法

下面是兩個有關孩子們為在校的表現所苦，並試圖用自己的方式去處理的例子。

蘇珊(Susan)是家裡三個孩子中的大姐，被認為是一位溫順活潑的女孩，在學校裡很受歡迎，也得到老師的欣賞。她對自己所有的功課都有信心，只有在閱讀方面相對地差一些，但在整體上並沒有落後在班級的後面。閱讀對她來說成了一種特別障礙，儘管老師給予同情的關注，但她已開始預料別人的議論和自己的失敗，而事實上根本沒有這回事。漸漸地，她所感到的這種與閱讀有關的痛苦似乎波及到生活的其他方面，甚至影響到那些她曾感到有信心的科目。終於，在體育節這天，事情發展到了嚴重的關頭。她的父母受邀到校前來觀看，因為蘇珊的體育相當不錯，人們期待她有出色的表現。然而，賽跑起跑後不久，蘇珊就垮了下來，哽咽著，尖聲叫喚著母親。人們不得不幫她回到起跑線上，她摟著母親，就像一個幼小的孩子。使大家感到吃驚的是，蘇珊並不是身體上受到什麼傷害，她只是突然感到無法再繼續跑下去。

經過這一戲劇般的事件（她母親與學校都對此事十分關注），蘇珊開始注意到自己苦惱的心理狀態。他們以及她自己都意識到在閱讀方面的困難並不是一件可以被忽略的單一事件，而是有著較深遠影響的事件。

它可能會在整體上破壞她的自信心，使她感到幾乎「無力與他人競爭」。

這種精神崩潰因而會導致在發展方面的有用突破。現在，他們已為蘇珊制定措施，以調整她內在的能力去承受困難（這種困難在過去是不可逾越的），利用老師給予她的即時幫助。

艾倫(Alan)的情況相當不同。從整體上說，他是個學習有困難的孩子。他家庭的管教很嚴，艾倫在家中很難和其他孩子相處。然而，他的外表絲毫沒有懦弱的跡象。玩耍時，他對軍事遊戲倍感興趣。在家中，他對描寫好鬥場面的影片著了迷。他在學校寫的故事和畫的圖畫，都是有關戰爭以及戰爭所造成的創傷。人們也許以為他對暴力的這種迷戀在學校中會以欺侮他人和挑釁好鬥的方式表現出來。但事實上，他是個靦腆的孩子，經常是嬉弄和欺侮的受害者。然而，當他受到不正當的挑釁時，他會一下子變得殘酷好鬥，像影片中的「英雄」。事實上，有一次他甚至拿著一根釘滿釘子的棒球棍到學校。學校真不知如何是好，因為當他發怒時，他的襲擊對那種挑釁來說會是過度的。必須指出的是，他的這種發怒儘管顯得有些不分青紅皂白，但他是在清算以前他不能對付的數不清的舊帳，這種舊帳使他內心痛苦不已。從這一點出發，的確，從他面對的對手所需要的力量來看，他一定感到非常脆

弱。對艾倫來說，這顯然不是校園生活中一般的蓄意暴力行為，但是在這樣一種粗暴的戰場上，為了生存，他不得不在腦海中裝滿那種真正懂得如何對付敵人的例子，以他們為榜樣，甚至穿上他們的衣服。

處理能力

前面兩例是有關學習有困難的孩子，也許由於這個原因，他們感到難以應付生活的其他方面。但對那些被認為有能力的孩子來說，也許壓力是同樣的巨大。他們如何處理在學業上迅速成功的經歷呢？當然，存在著不同的可能性。可能會發生一種情況，和前面所敘述的情況（學習上的困難似乎會導致一種脆弱的整體感覺）相反，那就是技能和學業的輕而易舉會導致一種虛假的安全感。

收集事實或使用你的頭腦

麥可(Michael)好像就是發生過這種情況的男孩。他對待生活的方式（尤其是對待成人）是相當傲慢的。當你和他談話時，無論談什麼話題，他總是帶著蔑視的神情，似乎把一切事情都當作練習，好像感到有一種幾乎是強制性的需要，要儘可能快速地作出回答。這裡有一種冷淡、驚恐的特質，甚至好像他不知道答案，就可能被人從某個不穩固的「天才」寶座上趕下來。用這種方法來處理問題使他不可能考慮更廣闊一些，這些問題沒有明顯的答案，但需要一種不同的方法去徹底考慮它們。麥可緊緊抱住這一寶座（它可被稱為「知識淵博」）的方式，阻礙了發展他自己的思維能力、想像力和腦力。

小丑

其他有天賦的孩子會發現，力圖達到別人的期望對他們來說壓力太大了，於是便放棄這種地位。班級

小丑的地位可以從程度較差的學生的角度去尋求，也可以從壓力太大的學生的角度去看。成為被人們嘲笑的對象和不被人重視的人，這種痛苦能夠成為一種為了短期的利益而自願付出的代價，這種利益來自於決定退出競爭。

刻板印象

十歲是開始注意與觀察差異和不平等的年齡。這樣做並不是僅僅出於好奇。看待一個人的方式很少取決於他們的所作所為。固定不變的成見有意無意地發生著，想想為什麼會發生這樣的事是很有趣的。也許在十歲孩童的世界裡，差異和不平等被想得很多，它們可能會作為最重要的特質而顯示出來，有些是需要的，有些則不需要。因此，很容易理解，那些通常不需要的特質應該被認為是屬於某個小團體的。比如，如果愚笨被認為是屬於一些人的，那麼不管「愚笨」是何物，它不會屬於個人，承受這種壓力也就變得容易多了。在小團體中承受這種壓力對單一孩童會有很大的影響。

排除壓力

有沒有辦法能幫助孩子一方面在不失去自信心的情況下轉壓力為成功，或者另一方面基於傲慢，假設過多的自信心。許多孩子選擇了無法反映他們真實能力的中間道路，不好也不壞，這樣他們就不會顯得突出。試圖用貶低這種做法，或者用哄騙孩子別太焦急的方式來減少憂慮將是錯誤的。問題是從十歲孩子的眼光來看，讓別人感到自己落後於他人似乎會成為一種滔天罪行。但是，如果十歲孩童確信你不是以他們的表現如何來表達你的愛心，也許會在他人幫助下對事物有新的看法。對於多數孩童來說，他們很擔心作為家長的你會如何看待他們的失敗，儘管他們力圖厚著臉皮硬撐，假裝並不在乎。

第三章

與眾不同

個性的窒息

有位老師發現很難應付她教的十歲孩童班。她是位最近才合格的教師，但是以前曾教過十歲孩童，因此她實在不能理解為什麼難以與這個特殊的班級相處。她習慣於用她的熱心而不是用控制來激勵孩童。她教其他班級時，孩子們熱切地（儘管有些喧鬧）參加各種活動。可是現在，她的計劃好像遇到了近似好鬥般的阻力。一天開始之際，她期待著班上會出現自然的朝氣蓬勃的景象，但是學生對她建議的反應卻是出奇地沈默，甚至那些獨處時或在小團體中並不這樣表現的孩子也是如此。其他孩子低著頭，顯然很不自在。

最近，這位老師的行為開始變得異乎尋常，她用好處來誘惑全班按她一天的計劃行事，如果學生按她的要求去做，她答應以後給他們獎品。結果，她在這個班級所獲得的效果要比她期待的還要少。為此事，她非常著急，而且異乎尋常地在其他同事面前開始為班裡發生的事進行辯護。

在相當短的時間內，她的教書生涯變成了一種苦難，為了試圖繼續應付這種局面，她的身體也開始付出代價。然而，使她非常難受的是，她知道孩子們也在受罪。儘管使她痛苦的是這個班級的整體反抗，但她對個別孩子有足夠的瞭解，明白他們中有許多人對正在發生的事很不高興。神秘的「疾病」開始出現，班級的出席率開始變得不穩定。雖然上述例子不一定是發生在教室的典型事例，但是繼續討論一下是挺有趣的；它說明一個十歲孩童的群體，或者更為確切地說一個「幫派」是多麼有力量，也說明作為這種群體的成員會付出相當高的代價：比如，生病、不愉快和對熱情不自然的約束。對該教室所發生的事做進一步的探討，將會發現一些有趣的事實。

首先，很顯然地，在過去的五年中該班的實際成員一直保持一定。這段時間內，該班的孩子有進有出，但是，從整體上看，一個強有力的核心一起往上升級。這與教師的委任形成了鮮明的對照；在過去五年中，至少換了二十三名不同的老師，去年就不少於七名！漸漸地，這個班便以「問題」班著稱，對這樣一個班級如果你要激勵他們，那麼你就得討他們喜歡。

於是，我們對這個班的行動和活動進行了詳細的調查。這個班級似乎利用了「公開計劃」的布局去創造書桌與個人之間的聯繫，這種聯繫絕不是自由的。三個男孩組成了一個強有力的小團體。他們占據了靠近教室前面的課桌。有趣的是，他們並不總是帶頭與老師就一天活動的安排討價還價，這就使人們很難看出他們在維持這個幫派結構中所起的關鍵作用。而當孩子們穿越教室時，其中有許多，尤其是女孩，即使離他們很遠，也會走過這三個座位。當他們經過時，常常會微笑，有時停一下，有些孩子甚至行禮，比如點點頭。

在教師有這麼多變動的情況下，這個班級有一個隱藏的非正式領導層，它勢必提供了某種穩定感。當然，這種支持結構（它試圖擺脫對成年人的需求）也出現過問題，它不得不參與越來越多的班級活動。結果，該班整體在學業上受到了損害。

一旦有可能使該班認識到他們過去的學校生活是多麼難受，那麼也就有可能使這「三人幫」不能那麼明目張膽地代表整個班級。當他們不再能控制時，孩

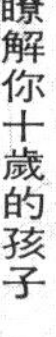

子們也會開始走出小圈子。對於有些孩子來說，走出小圈子就意味著將他們個人的學習困難公開，也就能得到成年人適當的關切。然而，看到有個別才華的孩子湧現實在令人驚喜。在沒有任何明確指導的情況下，藝術在這個班級裡變得非常重要。有一張特別令人注目的畫，它出自一位至今默不作聲，靦腆害羞的女孩之手，圖面上是一輪光芒四射的太陽在黑暗背景的左側角落若隱若現。她相當貼切地給它題名為「黎明」!

我選擇了一個並不是每天發生的事例，因為這一事件強調了成為一個大團體的成員後會受到的壓力。在這樣一種環境中，要想讓別人傾聽自己的聲音是非常困難的。

服飾的專制

與上述情況相比，下述情況並不那麼嚴重。對許多十歲孩童來說，「人流」是日常生活的一個重要部分。在敢於建立與眾不同的觀點和意見之前，也許重要的是找到一種在同齡人眼中是穩固且被接受的地位。多數家長所面臨的一大專制就是「時髦」，或者是適從對某種時髦的特殊定義。

麥可是個很容易融人同齡群體的孩子。他精瘦結實，非常協調，給人的印象也許是不太在乎批評，而實際上並非如此。他對穿什麼衣服非常挑剔。「訓練者」(Trainers, 註)必須式樣新穎，上面要有他喜歡的商標，而視商標比諸如鞋底型式等內在質料更為重要，它必須與同齡孩子可接受的式樣一致。

有一次，麥可的母親在購物時沒有帶他一起去，她選了一件質料、價格和式樣均屬上乘的運動服。問題是這件衣服的「牌子」不對。麥可於是拒絕穿它，這

註：商標名

件衣服不對路，與他腦海中的那種衣服一點兒也對不上號。在生活的許多領域內，麥可能夠妥協讓步，但在這一場合，他不能這樣做，這表明穿正確的衣服不像單純地選擇時裝那麼簡單。這一事件使人們想起許多比這更令人動情的事。

有一件事似乎是有關發展中的獨立性：麥可感到他十歲是夠大的了，可以決定他穿什麼衣服。當然，這種就衣服而言的獨立傾向並不是從十歲開始，它當然也不會隨著十歲而結束！有關這種選擇還有另一種因素，說起來好像是矛盾的，那就是它與選擇毫無關係。對麥可來說，從父母那裡獲得更多的獨立行動也就是朝著由他的同齡人為他「設定」的要求一致邁進了一步。在這裡，孩子最大的焦慮似乎與積極選擇入流的要求關係不大；不過，他所擔心的是如果他穿錯了衣服，他就會遭人排斥。很顯然，服裝生產者和廣告商就是利用了這一種恐懼。家裡還有許多套運動服，它們還像新買的一樣，但是再也不能被接受，因為自從你購物以來，成人服裝設計小組改變了服裝的一個細節，這是非常令人傷心的，在這種情況下真不知該如何是好。追求最新款式的服裝花費是很大的，試圖購買最新款式而不是力圖尋找一種妥協，這將意味著你孩子所面臨的必須服從的時髦專制，將以你必須支付的帳單形式轉移到你們家長身上。在另一方面，當你意識到許多事都要依賴於入流時，那你就很難無視你孩子趕時髦的要求了。

就麥可的情況而言，他母親認識到事情的重要性，她能夠把運動服當成一種損失一筆勾銷。然而，認識到潛在的焦慮似乎的確是重要的。在某處似乎存在著一種截然的對立，這種對立的一端可表達為：你的孩子想「如果我著裝正確，他們就不會『看到』我，所以我就不會被他們嘲笑與眾不同」；另一端是「如果我穿了他們的服裝，他們將讓我加入，然後我就能向他們顯示我的能力」。在一方面感到追求適當的顏色會獲得小團體成員的資格，和在另一方面感到對自己的才能有充分信心，並能與小團體分享才智之間有著很大的差異。在某種情況下，衣服被視作是提供適當掩護的皮膚；在另一種情況下，它們只被視為適時的正確服裝。在這兩種極端之間存在著許多可能的位置，這將取決於在當時存在著什麼其他壓力，在這一層次上，同樣一個孩子會處於不同的位置上。然而，如果這個年齡的孩子一直尋求隱沒在小團體中，局限於效仿其他孩子，而不是力圖獨立自強，那將是令人擔心的。

成功的集體活動

毫無疑問，隨著十歲來臨的快樂之一就是成為運動隊的一名成員。安東尼(Anthony)被提名為班級足球隊成員後欣喜若狂。該隊有時會與當地一所學校進行比賽，從地理上講，該校就在附近，足以被視作一個對手。漸漸地，安東尼對決定支持哪一個專業足球隊越來越感興趣。在這之前，他一直收藏有關個別隊員具體情況的卡片，但現在安東尼收藏的焦點變得更加複雜。他不再只想簡單地作大量的收藏，然後向他的朋友展示，而是專門收藏那些他所熟悉的足球隊員的資料。球隊讓安東尼踢中場(或處於球隊中間的位置)。他班上的老師說這個位置非常重要，因為足球的傳球很遠，只有強壯得足以代表球隊奔跑的孩子才能把後衛與前鋒聯繫起來。

這是否代表了足球中場運動員的複雜看法暫且不講，但他可能是「聯絡人」的想法對安東尼是極為重要的。這種新的想法甚至不局限於足球。一旦它紮根於某個區域（通過關於中場作用的熱烈討論和集中觀看專業足球的影片來達到)，作為一種活動的「聯繫」

想法便成了焦點。把握住聯絡人這一想法後，安東尼開始也對其他抽象概念發生了興趣。至於談及比賽，安東尼的父親對他在相當短的時間內瞭解自己的作用如此透徹而感到驚訝，安東尼似乎不僅在足球技術方面，而且在感情成熟方面都有了明顯的飛躍。

正如事情經常發生的那樣：這件事的結局是警世的。比賽後，因表現出色，對勝局毫無疑問的貢獻，以及隊友和興高采烈的老師對他的許多祝賀，安東尼感到非常快慰。他開始覺得自己的表現媲美國際足球明星。安東尼的父親開始擔心，安東尼講起話來好像他一生（要當一名足球運動員）的決定已經做出似的。為了針對這種心理狀態，安東尼的父母打算說一些諸如「讓我們等著看看將來的情況怎樣」之類的話。但他們實際說的話是「足球是一項非常艱苦的工作，它對你也許太艱苦了」。這話對安東尼的影響具有如同足球

脹破的戲劇效果。這些話打破了他的希望。

後來他們討論了這件事。安東尼的父親說他開始擔心安東尼將自己對未來的希望都寄託在這一次的成功之上。他自己一心只想著安東尼在其他方面所取得的成績，比如在學習方面，他在安東尼身上寄託著其他希望。安東尼迸發出的激情太過分了，以至於他無法控制。父親並不把這事看成是孩童激動的夢，而是開始想安東尼已經趨向做出認真的生涯抉擇。

這一章探討了十歲孩童非常注意同齡人期望的一些例子。這些例子表明孩子們甚至寧可冒著失去個性的危險，也不願意顯得與眾不同，這種壓力該有多大。然而，在集體中活動能夠釋放個人的能力和新的洞察力（如安東尼的例子）。下一章將更加集中地討論這類個人洞察力的部分內容，尤其是有關十歲孩童不斷增強的交友能力。

第四章

友誼

友誼早在十歲前就形成了，但是大約在這個時期，這類友誼才在本質方面開始發生。它大部分取決於個人的情況，有些已在前面幾章中敘述過。考慮到友誼能解決各種不同的需要，本章將探討在這一時期被探索的一些問題。

向外發展

友誼為從感情上積極地離開家庭核心，離開一種以與父母和兄弟姐妹的聯繫為中心的生活，為向外發展提供了重要機遇。孩子們已經開始了一種困難的抉擇：在夥伴的幫助下生活好呢？還是孤單地生活好？有時放鬆對家庭的依賴以尋求友誼會是很困難的。比如，愛斯蒂(Estelle)和她的母親有著一些難以應付的問題。尤其是愛斯蒂非常思念父親。愛斯蒂六歲前父親一直與全家住在一起。當他離開時，這種分離是非常痛苦的。他與家庭保持著間斷的聯繫。不幸的是他會許諾給愛斯蒂買生日禮物，對於這種許諾，他不是不遵守，就是當他終於帶著禮物出現時，愛斯蒂已經快要放棄希望了。面對愛斯蒂處於這樣一種焦慮的狀況和以淚洗面，她的母親伊馮(Yvonne)感到她們最好把父親忘了，並試圖阻止他進屋。

年復一年，這個孤單的孩子和她的母親相依為命，她倆共度的艱難歲月使她們更加親近。愛斯蒂感到她很難單獨睡覺，習慣於半夜醒來跑到母親的臥室去度過剩餘的夜晚。愛斯蒂的母親對此毫不在乎，因為此時她也正從災難般的關係中恢復過來。對她來說，與愛斯蒂待在一起也要比她獨自一人令人寬慰。

然而，伊馮已開始了另一種關係，這種關係似乎是認真的。愛斯蒂內心極度煩惱，非常不歡迎這種關

係。儘管她非常生父親的氣，但現在開始將他與這位「闖入」她們生活的陌生人相比。她似乎感到自己即將成為不受歡迎的睡覺夥伴，拼命地試圖保住自己的地位。這股猛勁使伊馮大為震驚，使她有一種罪惡感，恨自己為什麼不更加堅強一些。她沒有意識到愛斯蒂已與她結成了親密的友誼，好像這種友誼可以向不可靠的父親關上大門，並許諾一種以安全感為基礎的生活，而不是不得不忍受巨大的焦慮，根本不知道她是否會被拋棄。

當母親與她朋友的關係變得越來越認真的時候，愛斯蒂開始尿床了，白天也開始把自己弄得很髒。這些問題在許多年前母親與愛斯蒂的父親分手的時候就已存在，但沒有像現在這樣令人尷尬。接著，每當早晨上學時，愛斯蒂就開始感到不舒服。開始時，伊馮懷疑她的病狀是否真有其事，但是當她試圖推愛斯蒂去上學時，愛斯蒂暈倒了，而且好幾次她在教室裡嘔吐。

學校意識到愛斯蒂需要專家的幫助，但是此時，過去曾經幫助伊馮和愛斯蒂共度困難的緊密關係已經消失了。的確，伊馮感到非常生氣，她感到愛斯蒂正在訛詐她，要她放棄新男朋友。愛斯蒂絕不妥協，似乎在說，「有我就沒有他」。

事實上，這可能會發展成悲劇的矛盾被愛斯蒂她自己緩和了。她找到了朋友露西(Lucy)。她倆的關係好像建立在勃朗尼(Brownie)幼年女童子軍等活動的基礎上，關係是從那裡發展起來的。新的朋友關係將她帶到了戶外，離開她與母親親密的關係。起初，母親真切地感到與愛斯蒂緊密關係的變化，即使是以爭吵衝撞的方式。矛盾的突然消失是確實的，這在她的生活中留下了一個空缺。她開始擔心愛斯蒂在戶外待的時間過多，她感到相當失落。

愛斯蒂是否真的用與露西交朋友的方式來排斥母親，這是很難說的。這種友誼並不包含排斥與伊馮之間友誼的因素。相反地，它是基於一種生氣蓬勃的活動。好像愛斯蒂發現在朋友露西的幫助下她是多麼地「充滿活力」。露西使她看到了她在與伊馮的新夥伴爭奪伊馮的關係時無法看到的她自己的一面。在她的生活中似乎再也沒有尿床的地方了。儘管上學的困難需

要花更長一點的時間去解決，但是尿床很快消失了，每週利用部分時間參加一個學習小組也起了作用。

忠誠的考驗

愛斯蒂與露西的友誼提供了一個機遇，使她擺脫可能要毀壞家庭的局面。可以理解的是她的新友誼不是一種思考的機遇，而是「在好夥伴間盡情地玩」。比這些情況稍遜一籌的情況下，在提供友情的同時，友誼也可能使人看清友誼的本質。在這種友誼中，忠誠可能會受到考驗的事實（有時達到破裂點，但通常達到暫時的「拆夥」點）是非常重要的。毫無疑問，感情高漲，這對父母是考驗，同時對孩子在感情上也是要求極高的！然而，重要的觀念正受到考驗。孩子們被捲入破碎的家庭時尤其是這樣，為他們自己找到一種他們更能控制、能使關係持久的環境會是一種莫大的安慰。

玩弄感情

不幸的是，有些孩童不能保持個人的友誼，而是尋求不止一人的友誼，以此考驗忠誠，他們這樣做也許是希望不必獨自去面對問題。例如，琳達(Linda)專門設法使人失望。她花相當多的時間去培養與同齡女孩們的友誼，然後就在一位女孩開始認為她已找到一位新朋友的時候，琳達會「甜蜜地」告訴她，自己要離開她，並從那天起不再是她的朋友。彷彿琳達對洩憤做過研究，從她內心深處的某個地方知道，當人們開始向你敞開他們的心扉而你拒絕接受時，對他們的傷害更大。她是組織小團體的專家，習慣用這種方法，用只有她自己才知道的某種輪流法來對待其成員。她似乎知道選擇誰，尤其那些喜歡被她選中的女孩，因為開始時她的確是位非常「好的朋友」。

這種對友誼的利用在十歲孩童中當然可能存在，知道何時代表你的孩子進行干涉會是個微妙的問題。像琳達的這種情況，似乎存在著問題的反面。在比她小十歲的弟弟意外降臨之前（這是她的觀點），她在家中感到相當安全。要弄懂她為什麼樂此不疲地不斷交新朋友隨後又棄之，一種辦法是研究一下因她弟弟意外降臨而遭池魚之殃的受害者，琳達的所作所為就像某種複雜的戲劇。這些受害者不僅代表了她想對她弟弟做的事，而且她們為她提供了一種辦法，使這些女孩遭受她自己無法忍受的痛苦。

可疑的友誼

琳達的事例的確引出了可疑友誼的問題，以及這種可疑友誼給作為家長的你所帶來的困難。相互選擇朋友的過程是一種複雜的過程，是隨著孩子的成長你

將經常面臨的過程。通常，如果一種友誼不能持續，那麼它將會破裂，並且也許會重新修復，或者轉向另一位朋友——孩子們通常知道他們何時陷於一種對他們來說是不太舒服的境地。交朋友的經驗之一，就是最好不要使自己過長時間地處於某種特定的角色，並且要與你的朋友協商。但是，琳達的例子的確表明：有時孩子們在某種特別友誼中的收穫會使他們對其他正在發生的事情視若無睹，從長遠來看，這是不好的。毫無疑問，某些愛慕或友誼可以是基於根本的不平等，那就是一個孩子要去完成另一個孩子的需求，用相當強制的方式去追求的需求。我曾在前面推測過，琳達利用她朋友的部分原因是一次又一次地重演她在弟弟誕生後所經歷的受排斥的感覺。她要其他人來分擔這種排斥。這種情景不斷重複，因為她自己沒有解決它的辦法。她不能治癒自己的創傷。她的處境在一小組人中得到了重演。然而，作為家長，要意識到你的孩子是被一種關係所利用還是利用其他某人是相當困難的。

受支配

莎拉(Sara)對拉歇爾(Rachel)非常友好。拉歇爾做

什麼，莎拉也得做。她幾乎是跟隨在拉歇爾身後兩步的影子，但是永遠不太可能趕上她。從本質上講，她是個依賴性很強的孩子，很容易使自己陷入讓其他人為她作決定的境地。總的來說，莎拉的父母很擔心孩子缺乏主動性，也很恰如其分地關心拉歇爾對莎拉的影響力。

有一次，拉歇爾意外地跟她的父母外出長期休假。起初，這對莎拉的影響極大，學校裡沒有拉歇爾坐在身邊，沒有拉歇爾跟她一起玩，她顯然覺得非常難過，不知所措，似乎自己不知道做什麼才好。隨後，她漸漸變得比以前更加活潑，這種活潑是她父母有一段時間沒有見過的了，她找回了忽視相當一段時間的朋友。在拉歇爾持續數月的度假期間，她好像確實變得更加活潑了。拉歇爾回來後很快將莎拉找來，又開始支配她。儘管莎拉似乎變活潑了，並且交了其他朋友，但是她內心好像沒有一種足夠強烈的感覺去體驗沒有拉歇爾時她曾是個什麼樣子，以便防止自己再次陷入拉歇爾的影響，被她所支配。

壞聯繫

對某些孩子以及那些與他們有聯繫的人來說，有

些關係似乎不僅僅是令人懷疑的，而且是糟糕的。毫無疑問，壞的「夥伴」和「小集團」是存在的，好像一個孩子破壞性的慾望得到了另一個孩子的援助和教唆，正如孩子們在相互結伴時會有創造性，他們也會有破壞性，有時這種破壞也是創造性的。

承認孩子間會盛行壞關係的困難之一，就是我們經常會忘記自己的童年，忘記我們曾經很壞。但是，當前的事態使我們確信十歲的孩子在行為上兇狠和有性虐待，甚至殺害年幼孩子的可能。

許多十歲孩童只要一有機會就會準備欺負較小的孩子，儘管這種行為有許多複雜的原因。對於有些人來說，其他孩子，尤其是較幼小的孩子，會重新勾起他們自己童年的痛苦和不堪回首的記憶。當然，也會有其他的情形，比如小弟弟或小妹妹的誕生會造成被排斥的感覺。前面提到的琳達的事例表明，她如何無法容忍弟弟出生時被排斥的感覺，因而將之轉移到一系列「自願受害者」身上，讓她們而不是自己感受被排斥的滋味。奇怪的是，用這種方式尋找「受害者」的衝動在孩子身上尤其強烈，他們正盡力去克服被排斥和妒忌的感覺。面對一位現實中的小弟弟，像琳達這樣的孩子很可能會有保護關切之心。在這種時候她不太會有對她弟弟產生惡劣感覺的餘地。但是，如果在一個不同的地方（學校常常提供這樣一種機遇)，那麼很有可能孩子在一個地方對人關懷備至，在另一個地方卻是面目可憎，並把它當成一種慰藉的方法。這種寬慰常常是短暫的，如果他們的生活似乎逐漸用這種方式被分成「好的」或「壞的」，那麼許多孩子會變得非常焦慮。

李察 (Richard) 確信他知道對自己狂怒的解決辦法。他很少記得自己在狂怒時的所作所為，通常，他是鼓起勇氣去捍衛母親的名譽的，班裡的孩子都知道他的母親是個妓女。然而，他覺得解決的辦法很簡單。他只要去醫院，到時就會有人把他「做壞事的大腦」摘去。事實上，他是這樣深信無疑以致於他感到這是解決的辦法，結果醫生對他做了精神分析試驗。試驗結果沒有發現任何異常跡象。不過，他的話確實說明一個人失去部分大腦的控制會是多麼的可怕，更不知道結果會發生什麼事。

本章這個相當嚴肅部分的標題是「壞聯繫」。把它歸在對友誼的敘述中也許會顯得很奇怪，但事實上，頭腦中有壞點子的孩子之間的結合會有友誼的許多特點，但這是扭曲了的友誼。

第五章

嗜好與追求

自我的空間

在本書前言中曾提到，各種消遣和娛樂可能會成為你和孩子之間的一種障礙。毫無疑問，這裡還存在著非常不同的一面。對於十歲孩童來說，消遣和娛樂

是一種非常重要的滋養之源；它們不僅能為他們在所喜愛的某種特殊嗜好方面提供得到收穫的空間，而且也能使他們在感情方面得到收穫，但是如果沒有私生活，這些收穫是很難取得的。在本章中我將探討消遣和娛樂問題，它既是成長的豐富源泉，也是交際的可能障礙；既存在於你與孩子之間，也存在於孩子他們自己內部。

書呆子

在這個年紀，讀書會是一種真正的快樂。讀書技巧會被認為是理所當然的事，所以孩子們會讓自己沈浸在書的世界裡。此時，他們已有足夠的讀書經歷，能夠找到發展他們特別想像或興趣的書。

這時，當孩子在閱讀不適當的書刊時，家長們開始擔心了。比如，一位非常受人喜愛的作家最近出版了一本小說，它在巴巴拉(Barbara)的女同學中相互傳閱。酷愛讀書的巴巴拉好像在廢寢忘食地閱讀它。

可是當媽媽把它拿起來翻了一翻時，她看了又看，這真是同一個作家寫的書嗎？儘管這位作家的其他書顯然是適合這一年齡的孩子的，但這本最新作品至少是很值得懷疑的。書中的人物是十七、八歲的少年，書

中描寫的關係絕對是性感的。當對巴巴拉提起這件事時，她說，「哦，媽媽，它是本好書！大家都已經讀了，他們的媽媽說它可以的。」

巴巴拉的媽媽處於無所適從的境地：她是否的確小題大做了？她是否應該放鬆對她女兒讀書的限制了？或者她是否應該為女兒終於能夠讀書而感到慶幸？對此，她感到困惑，結果她給了巴巴拉一個機會，讓她談談這本書，談談書中她可能不懂的事。於是，這就成了一次重要對話的有益起點。

動物與寵物

較年幼的孩子當然喜歡動物，但是可以理解的是年幼的孩子對動物的愛護相當需要由家長和家庭其他

成員一起來分擔。雖然十歲時，孩子們真有可能自己來承擔責任，但是孩子們的確經常在平衡他們所有的感情方面存在著困難——這就是說，把對他們兄弟姐妹的愛與恨保存在一起。我們能夠看到動物是如何為一個家庭提供一種思考愛護的機會。對於有些孩子來說，飼養寵物（尤其是一種小寵物）就是一種把動物置於他們控制之下的極好機會。他們第一次面臨真實的可能性，既會照顧他們的寵物，也會因健忘而忽視

牠們，絕不會想到這是在虐待動物。

正如最近調查所表明的那樣，如果許多成年的寵物擁有者將寵物視作有九歲孩童平均智力的話，那麼對於許多孩童來說，寵物能夠提供與動物交流感情的一種方式也是真實的，這種感情通常不易直接向父母或其他人流露。比如，賈桂琳(Jacqueline)愛馬。她不僅學著騎馬，而且會花許多空閒時間試圖畫馬。儘管事實上她的畫技不錯，但還是對自己的努力很挑剔。賈桂琳感到她從來沒有成功地把馬畫得比例勻稱，尤其是馬的威勢。她能夠描繪與馬在一起所感到的安全感，是件多麼了不起的事。她能夠寵愛牠，她也會感到馬十分強壯，可以依賴。她也開始練習跳躍。

任何人要想開始與賈桂琳談話而不涉及馬那是困難的。當然，她感到談論她的父親和她早年的生活是困難的，但是漸漸地，她這樣做了。她從來沒有見過父親，因為他在她很小的時候就死了。幾年後，她的母親不得不讓其他人照顧她，從那以後，她與一個接一個的親戚生活在一起。她從他們那裡得到了許多關懷和愛護，至少表面上她在家庭和學校都生活得很好。她的早年經歷使她不太輕易信任別人，只有馬是例外。

在賈桂琳畫馬和她去馬廄之間有著一種有趣的聯繫。回到家裡時，她就會試圖把她對馬（牠的名字她保密）的印象畫在紙上。從馬場回來後的第一批繪畫的畫面大膽、均勻、強健。但是，隨著時間的消逝，當她一遍又一遍地畫馬時，馬變得越來越小，不再那麼明晰，像一隻狗而不是馬。這使賈桂琳感到非常傷心，她能夠感覺到自己對強壯、可依賴的馬的記憶逐漸從她的腦海裡溜走，直至它變成一幅漫畫。然而，看到她持之以恆，試圖恢復對某種強壯的、可依賴的東西的記憶，這是令人感動的。

對寵物和其他動物的熱愛很顯然能被用來脫離各種關係，但是動物也能以溫柔的方式幫助彌補傷害的感情。

電腦遊戲

要概述電腦遊戲是困難的，因為它們能被用來完

成這麼多不同的功能。它們似乎很適合十歲孩童自然的傾向和反應的迅速。在可以滿足某種迫切需求的電腦和用於娛樂目的的電腦之間似乎有一種明顯的區別。從家長的觀點來看，重要的是區分哪些電腦遊戲是有益健康的，哪些是孩子用來創造排他區域(「成人勿進!」)的。比如，大衛(David)是位孤僻的男孩，他過去一直覺得與同齡人建立友誼很困難。他的父母工作得很晚，大衛通常獨自從學校回家，開門進屋，自己沏茶，然後埋頭玩電腦。他養成了一種習慣：給自己炸了一大盤薯條（他明白父母不同意這樣做，因為他超重很多，近於肥胖），坐在電腦前，一邊玩激烈戰鬥的遊戲，一邊嚼薯條。儘管外表他自鳴得意，生活得很自在，但很難想像這種外表就是他的全部情況。也許可以這樣認為像大衛這種情況，他夜夜花數小時玩電腦遊戲是生氣和叛逆的必要組成部分，禁用的食品和隱藏著的暴力電腦遊戲在放學以後孤獨的時光中得到了結合。

第六章

性的發展

按他們自己的速度

前面幾章敘述了十歲孩童之間的差異是如何的巨大，他們試圖對付逐漸覺察到的，在能力和學業方面的差異，對付參加群體和友誼方面的問題。到目前為止，這些問題一般都是從十歲孩童的角度（而不是從男孩或女孩的角度）去觀察的。然而，就性的發展而言，男孩和女孩的經歷的確不同，儘管很顯然男孩女孩也有一些相同的問題。

玩笑與傻笑

性別相同的群體提供了一種基礎，在這種基礎之中會產生觀點的強化。像許多其他忌諱的話題，男孩女孩一般經過戲謔和傻笑來對待性方面的事情，但也

互相更加直接地開玩笑。男孩們有關性的「很在行的」笑話是相當普遍的，這些笑話也許是在相互傳遞一種共識：他們不用害怕女孩。對於女孩，問題將是不同的，因為有些女孩將開始來月經，從身體上講她們要比其他女孩發育得更快，從整體上講要比男孩發育得早。咯咯地傻笑只是一小部分女孩釋放各種焦慮和緊張的方式。但正如前面已經指出的那樣，在這種環境中提出這類話題是要付出代價的。在為探索什麼是男孩或什麼是女孩提供某些空間的同時，這一年紀的一些群體對差異（尤其是不入流的個人）非常挑剔的。

比如，湯尼(Tony)是個愛思考內向的男孩，在學校裡某些功課優異，但傾向於將自己置身於「幫派」之外，儘管他參加了小組，並且在某些小組活動中是個中好手。他與一位嬌小的女孩法蘭西斯(Frances)結成了很深的友誼，法蘭西斯像他一樣非常靦腆。放學後他們常常一起回家，像朋友，也許像兄妹，他們喜歡相互的陪伴！他倆的家庭相互認識，並且對這種源於真實感情的友誼感到很高興，雖然他們也會就法蘭西斯和湯尼經常形影不離而開玩笑。

兩個孩子都覺得難以在各自性別的群體內玩耍。他倆似乎都相當吃驚地發現，他們的友誼引起了整個班級的敵視。好像他們沒有意識到有關的問題，貿然闖入了小群體的禁區。他們的友誼被同學們扭曲了。班裡畫了粗俗的圖畫並四處傳閱，似乎這兩個孩子引發了班內對性（尤其是對性夥伴）的野蠻攻擊。班裡的人認為這兩人正在做某種不尋常的事，因而不得不採用模仿成人性關係的方式使之「安全」。

男孩子的鍾情之物

談論十歲男孩的性問題也許會顯得很奇怪。乍看之下，十歲是一個相對來說不會專心考慮性的年紀。從整體上看，十歲孩童還不必考慮進入少年期身體變化

的標誌；男孩與同年齡的女孩相比，發育尤其顯得不太成熟。然而，如果認為上述班級專心於說在行的話，開在行的玩笑，認為它是十歲孩童的整體形象，那將是一種錯誤。儘管十歲可能會是一段鞏固期，一段感受自己取得什麼進步的時期，但它也能是一段似乎提前預演某些變化的時期。個別男孩的鍾情之物好像永遠不在性方面，但是如果作進一步仔細觀察，我們就會發現他們與將在今後幾年中身體（尤其是感情）變化的聯繫是何等密切。

變形金鋼

菲利浦(Philip)是許多同齡男孩中的典型，他對自己的那些異國人物玩偶收藏品著了迷。菲利浦會長時

間相當高興地全神貫注於想像中的戰鬥遊戲，它似乎比推動那些玩偶在桌子上千篇一律機械地來回動作有趣得多。一種典型的玩偶是用灰色塑料做的身著盔甲的外國人。它臉上戴著面甲，腳上、身上和手臂上穿著盔甲。它由數個部分組合而成，能夠被變化成堅不可摧、令人生畏、配備著致命武器的戰鬥機器。在這類收藏中，其他玩偶是由柔韌的橡膠製成的，能夠被拉扯成各種不同的形狀。遊戲常常包括許多進攻和反

擊，摧毀和在被殺後復活的能力。菲利浦對這種持續的戰爭表現出似乎是永不休止的熱情。儘管單一的玩偶可以是各式各樣的，但是遊戲本身的確可以在電腦上玩，而不用拿著實際的玩偶在手裡玩。我講的這些景象對許多家長來說會是很熟悉的。

怎樣來理解這一切呢？這裡好像存在著一、兩個共同的主題。第一是變化本身使人著迷，突然從一種形狀轉變成另一種形狀。第二是對這種變化的本質感興趣，選擇的各種不同的變化；對死亡或虛無東西感興趣；對刀槍不入、靈活多變和柔韌感興趣。探討這一現象的方法之一，就是要把這些遊戲直接與興趣以及今後幾年中陰莖將發生的性能變化（即使是十歲的男孩）聯繫起來考慮。但是，這些在陰莖性能、大小和形狀方面的變化意味著什麼呢？除了考慮到陰莖本身以外，另一種探討這些典型十歲孩童遊戲的方式，是他們試圖應付憂慮。這些憂慮與整個人聯繫在一起；他們會潛意識地感到那些能伸縮的東西會變得更加虛弱，更加脆弱。在性方面的這種即將發生的變化是什麼呢？它將需要什麼呢？是否最好穿上怪物的皮（那種刀槍不入的皮）來對付它呢？這類憂慮不太可能用語言來表達，但是十歲孩童對這類遊戲絕對的熱情，表明他們更加專心於即將出現的變化，而不是他們能說什麼。

女孩子的頭號問題——月經

毫無疑問，這個年紀的女孩像男孩一樣會意識到青春期帶來的身體變化，並且對這種變化進行思考，或者儘可能地不去想它。對這個年紀的女孩來說，青春

期仍然處在地平線上，但是對身體變化的某些焦慮將實實在在地存在著，儘管很有可能對自己也對父母保守秘密。十歲的女孩很有可能獲悉有關的「生理知識」，尤其是有關月經的知識。然而，這種知識不總是意味著理解能力的增長。

崔西 (Tracey) 似乎總是把「womb（子宮）」聽成「wound（傷口）」。沒有辦法可以使她知道聽錯了；的確，圍繞這一錯誤的概念有著許多其他類似的想法，以致於當她在操場上與咯咯傻笑的其他三個女孩談論嬰兒的事時，努力使她們相信這事。她們也是將信將疑。畢竟，如果它是個傷口，它是會流血的。她們聽說這是很疼的。這話有道理。

崔西所擔心的是什麼才會使體內造成這種損傷？是不是她對自己做了什麼？她是否已經做了這事？她是否在等待這種損傷顯露出來？當這種傷口真的開始流血時，那麼她傷害自己（也許是她的手淫造成）的罪惡般的秘密會被發現嗎？

這類焦慮像男孩的焦慮一樣不太可能用語言來表達，但是崔西的三位朋友因為突然發現她們不知應該相信什麼而感到相當煩惱，真的去找一位成年人來解決這個問題。那麼，對她們來說，有一個可以信賴而不嘲笑她們、並認真對待她們問題而做出誠實解釋的人，這一點是非常重要的。

不是許多十歲的女孩都會來月經的，因此對那些的確早於整個年齡群開始的人來說，這種經歷與那些以後來月經的人相比會是相當不同的。離開她們朋友群的感覺要比加入更廣泛的成年婦女群的自豪感更加強烈；不管她們的身體如何成熟，十歲孩童在思想上對此事永遠沒有做好準備。

即使是熟悉生理知識的女孩，第一次來月經也會使她毫無防備。她試圖在腦海裡尋找在這以前曾經發生過的與它最相似的事，它有些類似羞恥的失控，比如尿床，或者像弄髒了自己，好像她突然變小了而不是長大了。當艾夏(Ashal)遇到這種情況，她的母親給她衛生護墊時，她生氣地對母親說「我不再是嬰兒了，我不再穿尿布！」

何時求助

人們越來越意識到有些孩子(男孩和女孩都有)到十歲時也許會已經成為兒童性虐待的受害者。同樣，有些孩子會在多年沒有機會發展自我意識的環境中成長，相反地，他們接受的是反常的觀點和實踐活動。受到性騷擾或捲入與成人性活動的經歷，會給孩子留下深刻的影響。如果發生這類事，有些孩子會告訴別人，但是其他孩子會感到很難公開談論這類造成創傷的事，並試圖否認。有時可能會有這種情況：在性襲擊發生的當時，從外表上看孩子沒有任何變化，但是後來會發生在行為方面令人擔憂的變化。顯然，這類事的確需要與兒童保護組織或兒童和家庭諮詢中心一類的專業團體進行討論。

第七章

持有觀點

家中的叛逆

在本書中我已試圖傳達這樣一種觀點，即從一個十歲孩童的觀點來看，「兩位數」可被確認為是一種進步，就像到達山頂一樣，但也是某種未知事物的開始。

在本章中，我想探討把十歲孩童引入比以前更加廣闊的世界的一些問題。最重要的發展之一就是對正義和公正問題的不斷增長的關心。當更年幼的兒童感到自己被不公正地對待時，會變得非常憂慮，但是在十歲時,這些問題會被看作屬於比以前更廣泛的一個階段。很可能家庭生活變得更加不舒服。你很可能發現自己很重視的觀點正開始受到孩子的挑戰，不僅僅是用公開違抗的方式，而且是用說理的方式。這也許還不是少年那種複雜和動感情的獨立，而是那種十歲孩子能用來開始對權威提出質疑的方式，這種方式會非常令人煩惱。

大衛是個安靜的孩子,在家中會不聽話和固執,但總的說來是生活在他父親的陰影之下，他父親有時會很盛氣淩人。幾乎在一夜之間，大衛開始提出各種不同的意見。他並沒有公開違抗，而是和家裡人談起一位他稱作「先生」的老師。這家人在吃肉時，那位「先生」就會談論素食主義。這家人常去教堂，「先生」卻有其他想法：許多人不去教堂，但也會是好人。

在比較短的時間內，「先生」就家庭生活的幾乎每一個方面都表示了強烈的觀點。起初大衛的父母變得十分焦急。他們開始想孩子是否會在「先生」的影響下變壞。在與「先生」就學校日常事務的一次會見之後，他們感到大衛帶回家的「先生」與他們面前的這位小心謹慎、訓練有素的教師有天壤之別。他們意識到「先生」是大衛突然想到的用以向家裡引進想法的一種方法，它可以使他思考，可以向習慣的做事方式提出挑戰。他似乎感到由於家中做事的方法，他不能直接這麼做，而是得引進他頭腦中的權威，家裡人會尊重他的看法，他的權威足以引入新的想法。

這個例子說明，甚至對於十歲的孩童來說，家規

因為有傳統和權威的分量而令人敬畏，做父母的可能意識不到這一點。大衛通常相當靦腆內向，但是會堅持他對家庭價值系統的看法，這一事實說明這種動力可以延伸至更加廣泛的視野：

＊如果教堂使人變好，那麼不上教堂的人怎麼會變好?

＊有必要吃肉嗎?

＊我們是否應該停止買報紙來拯救森林呢?

儘管以前你的孩子也曾問過類似的問題，但是在十歲時，這類問題要比它們表面的含義更加複雜。確定一個人相信什麼的過程、擺脫遵從權威簡單地接受這些信仰的能力是非常重要的。同樣重要的是發展這類觀點應該在家庭內部找到位置，而不該在家庭以外去詢問。

對單親的挑戰

有時，被審視的觀點不僅包括實踐問題，而且也影響到家庭本身的組成。瑪麗(Mary)一人把她的孩子扶養長大。她並沒料想到事情會發展成這種樣子，可是在薩拉(Sarah)出生後不久，夫妻便分離了。薩拉非常痛恨她的父親，有好些年她似乎認為不可能再與父親來往了。她似乎同意瑪麗的看法：偶然見一次父親要比根本不見他更有害。十歲時，她似乎變了。現在，她又想見父親了。瑪麗知道許多年前薩拉的父親就把她的關係置於腦後，現在已經與其他人相好了，她感到在這麼多年後再去與他交往，對她對薩拉都太痛苦了，所以她拒絕了。

儘管一開始薩拉很苦惱，但她漸漸接受了這種決定，並且好像完全忘記此事。然而，有一天放學後，她不在常去的地方，瑪麗終於發現她踏上了試圖尋找父親的道路。薩拉曾經尋找過父親的地址，並且為這次旅行做了準備，包括拿了她自己以及瑪麗的一部分錢。

薩拉與瑪麗之間所發生的麻煩是離異家庭可能發生的情況中典型的例子。通常會出現這樣的情況是：成人過去的決定再次公開，十歲的孩童也目睹了這一切。薩拉比從前更加複雜了，她突然意識到瑪麗不再與丈夫保持聯繫的決定對她也有影響。用這種方式重提過去的傷心事對成年人來說是非常痛苦的。該做的決定已經做了，突然他們覺得自己是在十歲孩子的注視之下。在這種情況下要把那些不該讓十歲孩子知道的事保密起來是非常困難的，同樣的，討論孩子在這類問題上擁有什麼權利的問題也是非常困難的。

假裝對這類問題有一種簡單的解決辦法是再容易不過了。如果孩子表達了似乎違反家庭所持的主要生活準則的激烈觀點，那麼家庭該怎麼辦呢？十歲的孩子如何能夠懂得需要離異和離婚背後的原因呢？主要的問題似乎是，十歲的孩子更加樂意將他們自己的觀點帶入家庭之中，他們正變得非常能夠捍衛自己的觀點，證明他們的觀點是正確的。重要的是家庭是他們能夠發表意見的地方。說到這一點，我並不是說十歲的孩子應該自動改變家庭的原則，但是重要的似乎是家庭應該是傾聽個人觀點發展的地方，而不是抵制這些觀點。在權威的基礎之中正發生著一種重要的變化。十歲的孩子不一定能用說理的方式證明一種觀點或立場的正確，但是，毫無疑問，他們能用不斷增強的堅定性使他們的觀點讓人知曉。

世界問題

有關家規的爭論可能是討論國際社會準則、對國際社會準則持有看法的一種準備。很有可能國際社會的不公正，是從家庭中被察覺到的不公正一點一滴開始激發的。有時，世界事務儘管那麼複雜，但它似乎

是用腦中一種簡單的模式來處理：對觀點的各種細微差異極不耐煩。為飢餓兒童、環境問題、素食主義等採取行動，有關寵物的觀點和許多其他問題似乎都與一種信念相聯繫，這種信念與對更廣泛的領域表達一種觀點的需要有關，而不是在眾多的問題中建立一種優先。重要的是應該給十歲的孩子一些空間，讓他們去發現可適用於世界上一些更大問題的規律（或者缺少它們）。

班傑明(Benjamin)住在一棟大房子內，房子大得足以有空地成為「匪巢」，有不受侵擾的地方，在那裡，各種活動能夠安全地進行。他的母親波琳(Pauline)能夠容忍外人到屋裡來，並且習慣遠遠地監視著，確保活動不出軌。有一天，一貫安穩的班傑明回家時完全被一種激情所陶醉。他想為自然災害的受害者籌款。他邀請了一些朋友，他們將一起為他們的組織制定規章，隨後這一團體能夠為慈善事業募集款項。

這個計劃顯得雄心勃勃，波琳悄悄地詢問建立這個社團是否需要她的幫助。她被斷然拒絕了。它將由孩子們來建立。起初，六人組成的小組熱情洋溢，熱誠地開始了他們的任務。然而不久，爭吵聲透過地板傳了過來，隨後新社團開始遇到了麻煩，爭吵變得越來越激烈。障礙是誰來當主席？這個問題似乎成了中心，在這個問題被解決以前，籌款是不可能的。波琳覺得事實上孩子們對制憲過程本身有著濃厚的興趣，它成了主要的活動。很清楚小組有些成員一旦被邀請加入，就帶來了非常強烈的觀點。他們認為沒有必要選一個領袖，建議成立一個委員會。這根本不是班傑明所希望的，因為他認為他的事業正在被篡奪。

聽到這一消息，波琳進退兩難。她要不要插手呢？她非常想這樣做，但猶豫了，因為班傑明非常想使這件事成為他自己的事業。最後她決定不這麼做。制憲問題是非常難以解決的，整個計劃就此取消。後來，她能與班傑明一起探討事情失敗的原因，隨著時間的推移，這件事有可能被視作透過親身經歷發現問題的好方法：亦即，開創一項新的事業是多麼的困難。這一計劃（不管它是由一人或者用更民主的手段領導）實施道路上的障礙有些像塞翁失馬，焉知非福。它使我們有可能看到最近家庭內部各種權力之間的關係也是多麼的困難。與班傑明一起生活很困難，他與父親的關係尤其困難，對父親非常苛求。

最終，他們有可能在一起制定一個比較適中的籌款計劃，並且獲得了成功。

第八章

繼續成長

臨近十歲結束時，多數孩子越來越認識到他們將不得不開始對付明年具有挑戰性的事件。在十歲開始時，他們也許會感到自己正站在花了十年攀登到的山頂之上。十歲結束時，從山頂上看到的景象將變得更加嚴峻，更加不可捉摸。一個重要的變化是去上一所新的學校。在這裡需要交新的朋友，學習新的課程，對付新的集體環境。他們的日程將被安排得非常不同，更加強調自立的能力。課堂裡將開始越來越多的測試和

公開考試。對未來的夢想將開始用更加腳踏實地的方式去看待，並且漸漸地形成「謀生的可能」，因此責任更加重大。十歲結束時，孩子們將有更多掌握未來的感覺，越來越能看到自己是成長中的少年。十歲結束時，十歲的孩子將可能感到他們已經從整體上擺脫了孩子氣。有些女孩將第一次開始來月經，從焦慮地擠在一起討論月經的含義到親身經歷它。男孩也將有更大膽的能力去向大人提問題，對性方面的事有自己的看法，儘管對於多數男孩來說他們離開青春期還將有一段時間。

在這一年中，十歲的孩子至少以某種方式需要為進入更廣闊的境地，並為性意識的成熟這些大的變化做好準備。一下子過快地進入這種狀態對他們來說是不堪負荷的，可能會使他們不知所措。

顯然，正如我們所見，十歲的孩子以他們最佳的速度發展。進步取決於整體的成熟，取決於成長過程中各種不利的因素。儘管如此，各人的情況是不同的，因而似乎有必要設想一些能夠幫助十歲孩子邁向成年人的過渡性一般原則。

撒嬌之地

把十歲的孩童說成需要一個撒嬌的地方似乎很奇怪。這怎麼能幫助十歲孩童成長呢？這不是在鼓勵他們變得孩子氣，誘惑他們不去對上文提到的大事做出反應，而是「退縮」嗎？乍看之下，也許這種想法的確違背邏輯，但是前面提及的艾倫一例在這裡有著某種重要的啟示。也許你還會記得，他感到與班裡的其他孩子交往有困難。他與他們的關係彆扭，極會保護

自己。他也許會說,「如果他們認為能傷害我, 那他們就錯了。」他們所面臨的將不是一個受驚的男孩, 而是一個全副武裝的勇士。像艾倫這樣的男孩, 認為讓他自己感到年紀小而不去捍衛自己, 他或許就能較好應付局面, 這種想法似乎是愚蠢的。這就好像要他同意自己被消滅一樣。

讓一個十歲的孩子感到他能夠靠自己去面對這些敵人公平嗎? 十歲孩童難道就不需要家長的保護嗎? 對

於這一點是毫無疑問的。需要時父母應該能提供保護；允許孩子有時無法應付局面；允許孩子親熱地擁抱一下；甚至允許他們有一段時間回到老習慣去。沒有人會對這偶爾提供可依賴的安全之地提出質疑的。但是，與需要父母的寬容緊密相連的是容忍孩子撒嬌，使他們能不去應付局面。畢竟，十歲的孩子怎麼會有信心去迎接日益逼近的成長中的一些重要挑戰呢？假裝沒有問題，或者能懂得需要成人的幫助是否就是最好的辦法呢？有時候，讓孩子知道可以不去應付局面，會使孩子感到寬慰。

交朋友

我已列舉了一些事例說明友誼是多麼的複雜。你可能還記得，伊馮和愛斯蒂在伊馮與丈夫離異後，處在一種非常緊張的母女關係之中。當伊馮的新伴侶出現時，愛斯蒂找到了一位同齡朋友，這有助於她應付她對母親新關係的感情。漸漸地，她能夠不太注意伊馮的成人關係，因為她越來越傾心於她的親密朋友。當然，當伊馮剛開始發覺愛斯蒂對她不太感興趣時，她感到很傷心。但是，這種友誼的重點在於活動，它的確可能使母女之間的關係變得不太緊張，也可能使愛斯蒂的感情轉移。

友誼所引起的一種重要作用是它的確有可能使孩子開始試圖變得更加獨立自主。開始時，這可能意味著孩子在戶外或室內成人不去的地方度過更多的時間！它意味著孩子離開家庭去親戚家旅行，或者隨學校或其他團體去露營。它是更大歲數時離開家庭過程的重要開端。

對牽扯在內的父母的需要

正如前面所說的那樣，我們應該承認十歲孩童需要感到既幼小又勇敢，對父母來說，在發展的這一階段知道將孩子放手多少是尤其困難的。當看到你的孩子正捲入一種小團體活動（比如前面提到的在課堂裡發生的事情）或者交上了壞朋友時，要做到這一點是非常困難的。很難知道何時進行干涉或者不干涉。然而，孤獨的或陷入小團體很深的孩子是處在劣勢的。儘管很困難，但是價值只有在友誼和學校的艱難和雜亂之中才能得到考驗，忠誠才能得到鑄鍊，孩子們才能開始尋找出他們相信什麼或者不相信什麼。他們開始

為自己和他人建立標準。這些標準有時太刻板，有時太鬆懈，有時大致正確，但只有通過親身體驗才能悟出真理。通過青春期走向成年期是沒有任何精確起點的，但友誼隨著中學年齡的接近而開始具有一種不同的內涵。儘管父母的警覺在防止友誼變壞方面是必要的，但是在十歲時，這種情況似乎比孤單來得健康。有些孩子在沒有直接意識到它的情況下，可能會感到他們能直接從十歲躍入成年期，錯過問題頗多的青春期和青少年時期的經歷。

面對現實

安妮塔(Anita)對十歲的「現實」有一種有趣的看法。她說有時她媽媽太嚴格，比如媽媽要她放學後早

早回家，不要與朋友們玩。這使她很惱火，因為她現在已經夠大的了，能夠照顧自己了，能夠決定如何安排自己的生活了。她幾乎是一口氣說，有時她也希望媽媽別那麼忙，能多花些時間與她相處，像過去那樣習慣地把她擁在懷裡。

這並不是在說安妮塔的母親太嚴格了，或者是她不懂得安妮塔需要愛撫。但是，很顯然，安妮塔正在感受做一個十歲孩子所感受到的：陷入了非常成熟的感覺和非常不同的年幼感覺之間。這是必然的，因為站在一座山頂，意味著你能看到更大的可以攀登的山脈，這時，只有你能夠勸說自己離開你的有利位置，奮力攀登。

參考資料

□ *Children: Rights and Childhood*, David Archard, Routledge 1993.

□ *Making Sense: The Child's Construction of the World*, Jerome Bruner and Helen Haste Eds., Routledge 1990.

□ *Narratives of Love and Loss*, Studies in Modern Children's Fiction, Margaret and Michael Rustin, Verso, London 1987.

□ *The People in the Playground*, Peter and Iona Opie, Oxford University Press 1993.

協詢機構

□中華兒童福利基金會臺北家扶中心

(02)351-6948

臺北市新生南路一段160巷17號

□臺北市私立天主教附設快樂兒童中心

(02)305-8465,307-1201

臺北市萬大路387巷15號

□臺灣世界展望會

(02)585-6300 轉 230~231

臺北市中山北路三段 30號 5F

□財團法人中華民國兒童福利聯盟文教基金會

(02)748-6006

臺北市民生東路五段163-1號3F

□財團法人臺北市友緣社會福利事業基金會

(02)769-3319

臺北市南京東路59巷30弄18號

□財團法人臺北市覺心兒童福利基金會

(02)551-6223, 753-5609

臺北市中山北路二段59巷44弄3號1F

□財團法人臺北市聖道兒童基金會

(02)871-4445

臺北市天母東路6-3號

□臺大醫院精神科兒童心理衛生中心

(02)312-3456 轉 2390

臺北市常德街1號

□中華民國兒童保健協會

(02)772-2535

臺北市忠孝東路四段 220號 8F

□中華民國兒童保護協會

(02)775-2255

臺北市延吉街 177號 8F

□中國大陸災胞救濟總會臺北兒童福利中心

(02)761-0025, 768-3736

臺北市虎林街 120巷 270號

□財團法人中國兒童福利社（附設諮詢中心）

(02)314-7300~1

臺北市中正區武昌街一段16巷 5 號

～親子叢書系列～

瞭解你的嬰兒
瞭解你一歲的孩子
瞭解你二歲的孩子
瞭解你三歲的孩子
瞭解你四歲的孩子
瞭解你五歲的孩子
瞭解你六歲的孩子
瞭解你七歲的孩子
瞭解你八歲的孩子
瞭解你九歲的孩子
瞭解你十歲的孩子
瞭解你十一歲的孩子
瞭解你十二～十四歲的孩子
瞭解你十五～十七歲的孩子
瞭解你十八～二十歲的孩子
瞭解你殘障的孩子

父母的成長從瞭解孩子開始

釋放童稚的心靈
開創無限寬廣的
想像國度

■中英對照

伍史利的大日記
—哈洛森林的妙生活Ⅰ、Ⅱ—

Linda Hayward著
本局編輯部　譯

趁著哈洛小森林的動物們正在慶祝著四季的交替和各種重要的節日時，讓我們隨著他們的腳步，一同走進這些活潑的小故事中探險吧！

活潑逗趣的精彩內容
讓您回味兒時的點點滴滴

—— 給大孩子們的最佳獻禮 ——

※中英對照

100%頑童手記
陸谷孫譯
Wilhelm Busch著

且看頑童又會想出什麼惡作劇的點子？惡作劇的下場將是如何？七個惡作劇故事的連綴，將有您想不到的意外發展……

非尋常童話
陸谷孫譯
Wilhelm Busch著

由中、英兩種語言寫成流暢的雙行押韻詩，串連起一篇篇鮮活的「非尋常童話」。